ブエノスアイレス
ノスタルジックな「南米のパリ」

産業編集センター／編

アルゼンチンの首都ブエノスアイレスは、ラプラタ川河口に広がる港町。
空港からの道沿いの牧草地では、のんびりと草を食む牛や馬の姿が見え、
この国が牧畜大国であることがうかがえる。

Argentina
Buenos Aires

ところがひとたび街に入るや、きらびやかな建築物が目に飛び込んできて、道中の風景とのギャップに驚かされる。そう、ここは南米随一の大都会。19世紀後半には、ヨーロッパから多くの移民が新天地を求めて次々と港にたどり着き、自由と繁栄を求めて、理想郷を作り上げた。

当時から文化の中心地だったパリを手本に、持ちうる全ての技術や資金を投じ、まちづくりを進めた移民たち。その努力の結晶は、贅の極みともいえるコロン劇場やカフェテリアなど、今でも街のいたるところで見ることができる。

Argentina
Buenos Aires

　街を貫く目抜き通り、7月9日大通りには、ハカランダの街路樹が植えられ、春には青紫の花が、秋には紅葉が、町行く人の目を楽しませてくれる。世界最大の道幅で知られるこの通りは、少し歩くとオベリスコと言われる塔、また少しゆくと伝説のファーストレディ・エビータの肖像が電飾されたビルが見えてきて、歩く人の目を飽きさせることがない。

　近年は再開発が進み、摩天楼さながらの高層ビル群もお目見えしたが、この古さと新しさのせめぎ合いが、また新しい魅力となっている。

Argentina
Buenos Aires

移民たちは、母国を離れた不安から酒をあおり、寂しさを紛らわせるために酒場で娼婦と踊り始め、そこから「タンゴ」が生み出されていったという。

独特の文化を生み出した移民たちの子孫は、いつしか「ポルテーニョ」と呼ばれるようになる。この言葉はスペイン語で「港っ子」を意味するが、粋と気高さがないまぜになった、つかみどころのないブエノスアイレス人気質をも指すようになった。

まちの名前「ブエノス（よい）・アイレス（空気）＝順風」には、人々の理想郷への思いが込められているようにも思える。そして、その風をひとたび体で感じた人は、ついまた、見えない糸に引き寄せられるように、この土地に足を向けてしまう。
　そんな独特の空気感を、この街はまとっているのだ。

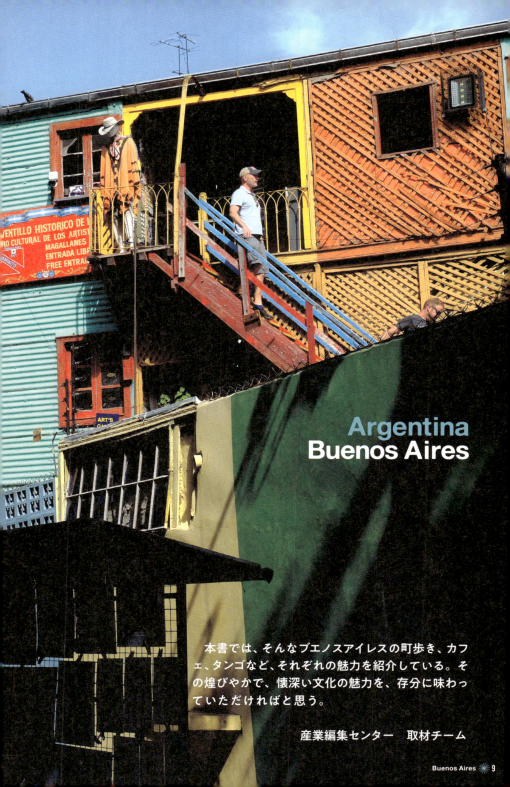

Argentina
Buenos Aires

本書では、そんなブエノスアイレスの町歩き、カフェ、タンゴなど、それぞれの魅力を紹介している。その煌びやかで、懐深い文化の魅力を、存分に味わっていただければと思う。

産業編集センター　取材チーム

Argentina

アルゼンチン全図

国：アルゼンチン共和国
人口：289万人
言語：スペイン語
アクセス：アメリカのダラス、ヒューストン、ニューヨーク、マイアミ経由、カナダのトロント経由の他、シドニー経由、ヨーロッパ経由など、様々な行き方がある。
通貨：アルゼンチンペソ（表記は＄）。ペソ表記をUSドルと勘違いし多く払ってしまう人がいるので注意。ほとんどのレストランではクレジットカードの支払いが可能だが、街中の小さな売店は現金払いのみ。
両替：日本円はほとんど両替所で換金できず、できたとしても両替率が悪い。また、20USドル以下の小額紙幣では換金ができない場所が多いので、日本にいる間に100USドル単位で換金しておくことをおすすめする。
時差：日本より12時間遅れ。
電圧：220V　50hz
スーパー：環境保護条例で袋のサービスがないため、エコバッグを持参すること。クレジットカードで支払う場合は、顔とサインを確認できるIDカードが必要。
水道水：飲用しないこと。ミネラルウォーター（アグア・ミネラル AGUA MINERAL）はガス入り（コンガス CON GAS）とガスなし（シンガス SIN GAS）の2種類ある。
防犯：バックはなるべく前に持ち手を添えること。夜間の一人歩きは避けるのが望ましい。
渋滞：平日の市街地は朝夕のラッシュ時以外でも渋滞。工事やストライキ、デモ行進で道路が閉鎖されることもあるので要注意。

Buenos Aires

ブエノスアイレス詳細

アルゼンチンの首都ブエノスアイレス市は、コムーナ（comuna、「共同体」という意味）と呼ばれる15の区域に分けられ、バリオ（Barrio、「地区」という意味）と呼ばれる48の区域に分けられる。ここでは本書に登場する主なバリオの位置関係がわかる地図を紹介しよう。

Mapa de Buenos Aires

2 序章

10 地図

Capítulo

1

14 まち歩きの楽しみ

タンゴ発祥エリア　ボカ地区／ブエノス随一の繁華街　サン・ニコラス／
昔ながらの石畳が続く　サン・テルモ地区／
ブエノスアイレスの心臓部　モンセラート地区／
流行発信エリア　パレルモ・ソーホー地区／
再開発エリア　プエルト・マデロ地区／
エビータが眠る墓地エリア　レコレータ地区

44 まちのアウトラインをつかむには
市街地をぐるっとめぐる観光バスはいかが？
Buenos Aires Bus

46 Columna：ストリートはアートで溢れている！

Capítulo

2

48 ブエノスアイレスでこれ食べよ！

50 ヨーロッパ文化が花開く社交の場〜カフェとバルいろいろ

70 移民の国ならではのバリエーション〜レストランいろいろ

84 国民の主食と称される、味わい深い〜牛肉料理の店いろいろ

92 ドリンクやデザートを楽しむ店いろいろ

96 Columna：国民的人気！　マファルダちゃん

Capítulo

3
98 ブエノスアイレスで買うならこれ！
116 Columna：映画の中のブエノスアイレス

Capítulo

4
122 本場のタンゴを堪能しよう！
　　タンゴショー　124　　ストリートタンゴ　126　　ミロンガ　132
　　スクール　138　　タンゴ宿　139　　タンゴ用品　140
142 Columna：ポルテーニョの暮らし

Capítulo

5
146 郊外でのんびり過ごす一日を！
148 ガウチョの暮らしぶりに触れる　ラ・ポルテーニャ牧場
154 サン・アントニオ・デ・アレコの市街地をのんびり歩く
158 取材で知り合ったポルテーニョたちへ、感謝を込めて

本書内のデータは2019年3月時点での取材に基づくものです。実際に行かれる場合は、
事前にネットなどで最新情報をご確認ください。

El placer de caminar por la ciudad

Capítulo 1

まち歩きの楽しみ

　2005年にユネスコ創造都市ネットワークのデザイン都市として選定されたブエノスアイレスのまちは、幾つかの地区（Barrio／バリオ）で形成されている。鮮やかな原色の縦糸と落ち着いたトーンの横糸が絡み合い、織り上げられた壮大なタペストリーみたいなまち。地下鉄、バスなどの公共機関や観光バスなどを駆使しつつ、それぞれのバリオの見せる顔とそのコントラストを楽しんでほしい。まちの輪郭を知るには、とにかくひたすら歩き回るしかない。

Buenos Aires　15

La Boca
タンゴ発祥エリア　ボカ地区

　スペイン語で口を意味するボカには、古くから大きな港があり、19世紀には移民を乗せたヨーロッパからの船を数多く受け入れた。つまり、ここは夢の始まりの場所。当時から造船所や賭場、酒場が密集する猥雑な下町だったが、今も町工場やその働き手の胃袋を支える食堂がそこかしこにあり、港湾地区特有の魅力を放っている。『母をたずねて三千里』というアニメーションを観たことがある人には、「主人公のマルコが、離れ離れになったお母さんがアルゼンチンにいると信じてイタリアのジェノヴァからはるばる船でやってきてたどり着いた港」といえばピンとくるだろうか。

　タンゴはもともとスペインやイタリアからの移民が、この地区の酒場で踊ったことがきっかけで生まれたという説がある。さまざまな人種が共存しながら過ごすことへのストレスのはけ口として、男たちが酒場で荒々しく踊ったのがタンゴの始まり。そのうち娼婦を相手に踊るようになり、男女で踊るスタイルが作り上げられていった。夢や希望や新天地への不安。いろんな人の感情の清濁をぐっと飲み込み続けてきた懐深い場所、それがボカだ。

Barrioの象徴
カミニート
[Caminito]

　カミーノはスペイン語で道。小さな道を意味するカミニートの愛称で知られるこの区画は、壁という壁がカラフルに塗装され、ストリートタンゴを披露するアーティストや土産物屋、ギャラリー目当てで訪れる観光客で、一年中活気に満ちている。ボカで生まれボカを愛した画家、キンケラ・マルティンの発想で生まれたのがカミニート。修道女に育てられ、ボカ地区の夜間美術学校に通い、絵の才能を開花させたマルティンは、ボカ地区での色彩感覚溢れる街並みの実現に大きく寄与。キンケラ・マルティン・ボカ美術館にも是非訪れて欲しい。

タンゴのポーズを撮る2人。右側は観光客だが非常に絵になる。2階のベランダにはマラドーナの人形も。

La Boca

[Caminito]

緑溢れる心地よい小径。迷路のように入り組む建物の中に足を踏み入れると、雑貨屋さんやギャラリーがひしめき合っており、ところどころでタンゴの演奏が行われている。下の写真はボタン式の鍵盤楽器、バンドネオンの弾き語り。両手の力で蛇腹の押し引きを行うため、楽器のサイズの割りに大音量が出る。

Barrioの象徴
ラ・ボンボネーラ
[La Bombonera]

　ラ・ボンボネーラの愛称で親しまれるサッカースタジアムはミュージアムを併設。試合日以外も入場することができる。ミュージアム見学のほか、スタジアム見学、ミュージアムとVIPロッカールーム見学など、チケットの種類は多彩。

　アルゼチン屈指の名門サッカーチーム、ボカ・ジュニアーズの拠点がここにある。通りでボールを蹴って遊んでいた移民の子たちの夢はこの港町から世界へと羽ばたいたのだ。

チームの歴史が辿れるミュージアムには、トロフィー、写真、ユニフォーム、ディエゴ・マラドーナ選手の壁画などが見られる。

La Bombonera
**Brandsen 805 CP 1161
La Boca, Buenos Aires**

San Nicolas

ブエノス随一の繁華街　サン・ニコラス地区

　サン・マルティン広場の南角から広がるエリアはブエノスアイレス随一の繁華街。コルドバ通り、カジャオ通り、リバダビア通り、ラ・ラピダ通り、エドゥアルド・マデーロ通りで他の区と隔てられている。ひときわ賑やかなのはフロリダ通り。通り沿いにみっちりと小さな洋服屋、雑貨屋、靴屋、土産物屋、両替屋が肩寄せ合っていて、常に観光客で賑わっている。

手軽な値段で買える土産物屋がずらり。旅程の最後の日に余ったお金を使うのにちょうどいい。

絵葉書や缶バッチは土産物として根強い人気。

Teatro Colón
Cerrito 628, Buenos Aires
URL:http://www.teatrocolon.org.ar/（チケット予約ができる）

Barrioの象徴
コロン劇場
[Teatro Colón]

　ミラノのスカラ座、パリのオペラ座と並び、世界三大劇場の一つと称される劇場。U字型の講堂に約2500席、立ち見席に約1000人収容でき、幅20m、高さ15m、奥行き20mのステージがある。近年全面改装が行われ、ますます多くの人が詰めかけていて観劇チケットは入手困難。早めにネット予約するか、滞在初日にチケットブースに行くことをおすすめする。チケット購入が仮に無理でも、見学ツアーだけでも是非。

重厚な建物が多い一角でもひときわ存在感が。

正面玄関の真上にあるステンドグラスも見事。

ミラノのスカラ座に次ぐ大きさを誇る。

細部にまで施された彫刻までくまなく見てほしい。

Barrioの象徴
ガレリアス・パシフィコ
[Galerías Pacífico]

観光客でごったがえすフロリダ通りとコルドバ通りが交差するところにある。重厚感のある大きな建物に設置されたオーニングの赤がいい差し色になっている。

古くからある建物が修復され、この地区のランドマーク的存在になったショッピングモール。アルゼンチンの五大芸術家が描いたキューポラ（スペイン語ではクプラ）の天井絵も見事で、優雅な気持ちになれる。地下の巨大フードコートでは、色々なブースで頼んだ料理を一箇所で食べることができるので便利。一緒に旅行している相手と食べ物の好みが違う時でも、ここならどんなニーズにもこたえてくれる。

Galerías Pacífico
Av Cordoba & cífi Florida, Buenos Aires

Barrioの象徴
ガレリア・グエメス
[Galería Güemes]

同じくフロリダ通り沿いにあるショッピングモール。ガレリアス・パシフィコと比べると小ぶりだが、『星の王子さま』の作者として有名な、アントワーヌ・ド・サン゠テグジュペリが一時期住んでいた部屋が上層階にあり、一般に開放している。星の王子さまをして「いちばんたいせつなことは目に見えない」と言わしめたサン゠テグジュペリは、この建物の窓から何を見ていたのだろう。最上階の展望台からブエノスアイレス中心街を眺めることもできるので、買い物目当てでなくても訪れる価値は十分にある。

飛行機乗りだったサン゠テグジュペリは、ブエノスアイレスで周辺諸国の郵便飛行ルートの開拓に努めた。小説『夜間飛行』はその経験をもとに描かれた傑作。

ガレリア・グエメスの外観。フランスのパッサージュを思わせる細部のレリーフにこだわったシックな造りで、市の建物遺産に指定されている。観光スポットに近いことから、終始多くの人で賑わっている。

Galería Güemes
Florida 165/San Martín 170,
Buenos Aires

San Nicolas 27

San Telmo
昔ながらの石畳が続く　サン・テルモ地区

　古き良き街並を見たければ、ブエノスアイレス最古とも言われているこの地区へ。でこぼこの石畳やヨーロッパ風の建物を見て歩くだけで時が経つのを忘れる。

　サンテルモ市場という伝統的な屋根付き市場には、雑貨屋、カフェ、アンティークショップに果物屋となんでも揃う。地下鉄の駅からも遠くないので、雨の日は他のプランを変更してここを訪れる人が増えるため、雨の日ほどごったがえすともいえるかもしれない。

　ドレーゴ広場はこの地区の中心的存在。オープンカフェでお茶を飲む人たちがのんびりくつろぐ姿が見られる。定期的に行われるストリートタンゴが始まるとその周囲を一斉に人が取り囲む。観光客も体験できるよう呼び込みをしているので、誘いに乗じて青空タンゴを楽しんでみて欲しい。

　タンゲリアと呼ばれるタンゴショーを見せるバノレが多いことでも知られている。夜は街灯が石畳を照らし出し、艶なるムードを漂わせまた別の顔を見せる。

ドレーゴ広場の中心部では、時々プロによる公開タンゴレッスンが行われている。

ドレーゴ広場では日曜日ごとに骨董市が開かれている。実はブエノスアイレスは、買付師の間で「骨董の最後の秘境」とも言われる場所。スペイン副王領が置かれていた時代にヨーロッパからやってきた品々がまだまだたくさん残っており、状態が良く安価という理由で世界中のプロからも注目されている。

Barrioの象徴

ドレーゴ広場
［Plaza Dorrego］

　アルゼンチンの旗がはためく緑豊かな広場では、定期的にオープンカフェの周りでタンゴアーティストがダンスを披露しており、多くの人が集まる。日曜日の骨董市が有名なので、市場と合わせて日曜日に訪れる人が多いが、平日は平日でのんびりできる。

Barrioの象徴
サンテルモ市場
［Mercado de San Telmo］

　130年以上の歴史を誇るサンテルモ市場。建物の中心部にある鉄の枠で出来た大きな天窓は必見。市場内には八百屋、精肉屋などの生鮮食品屋がずらり。どこも陳列の仕方に美的センスが感じられ、生鮮食品には手が出しづらい旅人の目をも楽しませてくれる。骨董品屋、古着屋、雑貨屋も非常に充実しているので、市場内のカフェで一休みしつつ、のんびり見学したい。

ブエノスアイレスの商店全体に言えることだが、陳列の仕方が秀逸。一つ一つの商品がしっかりお客さんに見えるよう工夫を凝らしていて、見ていて気持ちがいい。

市場の中央にカフェスペースがあり、小休止しながら買い物を楽しむことができる。

Monserrat

ブエノスアイレスの心臓部　モンセラート地区

　この地区の成り立ちを知るには、ブエノスアイレスの歴史を遡るとわかりやすい。
　1580年、ブエノスアイレスの創設者、フアン・デ・ガライによって、まちで最初の大教会を建てる土地が指定された。
　もともとは辺境の地だったこのまちに、教会ができ、学校ができ、文化が宿った。そして、大統領府ができ、国会議事堂ができ、行政の中枢を担うようになった。こうしてこのまちは、徐々に都市へと育っていった。
　そんな歴史を肌で感じながらまち歩きをすると、いかめしく見えていた重厚な建物群が、急に鮮やかな色を帯びてくる気がするから不思議だ。

Barrioの象徴
メトロポリタン大聖堂
［Catedral Metropolitana］

Catedral Metropolitana
Av Presidente Roque Saenz Pena,
Buenos Aires

　この大聖堂は、18〜19世紀の複数の建築様式が見事に融合された建造物。立派なファサードには十二使徒を表した柱が12本並び、柱の上にはヨセフが兄弟と父ヤコブと再会した場面を表した壁画が彫られている。建物内にある装飾の施された大理石の霊廟は国民的英雄、ホセ・デ・サン マルティン将軍のもの。

歴史といえば、アルゼンチン独立運動の出発点となった五月革命が起こったのもこの地区で、その名残りなのか、このエリアでは抗議デモをよく見かける。

　今ではブエノスアイレス名物になっている抗議デモは、同じく名物的存在のアサード（牛肉の炭火焼き）と社会的メッセージを発信するパレードとがパッケージになっていると聞いた。

　抗議デモがある日は、そぞろ歩きをするルートの沿道に炭火焼きセットが粛々と設えられ、さながら祭の日のお神酒所の様相を呈している。

Barrioの象徴
大統領府（ピンクハウス）
[Casa Rosada]

Casa Rosada
Balcarce, Buenos Aires

　カサ・ロサダ（ピンクの館あるいはピンクハウス）の愛称で知られるアルゼンチン大統領官邸。1996年、当時のカルロス・メネム大統領の許可の元、映画『エビータ』のロケが行われ、主役でエバ・ペロン（エビータ）役のマドンナがバルコニーから『アルゼンチンよ、泣かないで』を歌うシーンが撮影された。

Palermo
流行発信エリア　パレルモ・ソーホー地区

　新しい店が次から次へとオープンし続ける最先端の街。気鋭のアーティストたちが集うショップ、デザインホテル、レストラン、カフェが立ち並び、週末ともなると若者で賑わう。独特の色合わせ、生地合わせの洋服や、個性的な雑貨に出会える流行発信地。
　ブエノスアイレスの中で最も大きな地区であり、観光客を始め多くの人々を惹きつけ

る。パレルモ地区の中でも特にショッピング、文化の中心として知られるパレルモ・ソーホーは、絶えず新たなビジネスやカルチャーが生み出され、ブエノスアイレスの中でも特に国際色豊かで革新的なエリアだ。

クリエイティブ志向の会社や施設が多いこのエリアは壁画の種類も多彩。若い女性たちの撮影スポットにもなっている。

Barrioの象徴
広場の マーケット

［Feria de Plaza Julio Cortázar
　旧Plaza Serrano］

　毎週金、土、日の午後2時から夜の8時ごろまで広場にクラフト市が立ち並ぶ。若者が多いエリアだけあって、アクセサリーや雑貨中心の品揃え。友達やカップルでワイワイとショッピングを楽しむ光景が見られる。

Feria de Plaza Julio Cortázar
Serrano s/n, Buenos Aires

クラフト市では作家自らが作品を持ち込み販売することも多い。一点もの、掘り出しものに出会えるチャンスだ。

Puerto Madero
再開発エリア　プエルト・マデロ地区

　市の東側、ラプラタ川の運河沿いにある新興エリア。19世紀後半まで湾港地区として発展したがその後荒廃。1990年ごろから再開発が進み、レンガ造りの低層倉庫と高層ビルのコントラストが見事なウォーターフロントへと進化を遂げた。夜はあたり一帯がライトアップされ、幻想的な風景が広がる。

Barrioの象徴
赤レンガ倉庫街
［Distrito de Almacenes de Ladrillo Rojo］

Distrito de Almacenes de Ladrillo Rojo
Rosario Vera Penaloza, Buenos Aires

　造船所の跡地の運河沿いをウッドデッキで歩きやすくしたレストラン街。市街地で食べるより少し高めなので、落ち着いた年齢の富裕層が多く訪れている。おしゃれなカフェやブエノスアイレス名物アサード（肉の炭焼き料理）のレストランが軒を連ねる。

チョリパン屋台が等間隔に建ち並ぶ。それぞれお手製のドレッシングやソースを店先に置いているので、お気に入りを探すのもいい。上からかかっているのはポテトフライ。カリカリした食感が、サルサソースとマッチしてクセになる味。

Barrioの象徴
コスタネラ・スル生態保護区
[Reserva Ecológica Costanera Sur]

　季節によっては美しい蝶を見ることができる保護区周辺は、週末になると、演奏するミュージシャンや、ウォーキング、ランニング、サイクリング、スケート、ダンスに興じる人たちで賑わう。川沿いにまっすぐのびる遊歩道には、チョリソーをパンではさんだチョリパンのフードトラックがずらりと並び、チョリパンを頬張りながら水辺でのんびり過ごす家族やカップルの姿も。

地図でAv. Int. Hernan M. Giraltを検索すると、フードワゴンが並ぶ一帯にたどり着ける。

Puerto Madero　39

レコレータ墓地に埋葬されるのはこの上ない名誉。皆、競うように立派なお墓を建てたという。

Recoleta
エビータが眠る墓地エリア
レコレータ地区

　高級住宅が立ち並ぶこのエリアは、緑豊かな環境も手伝い、散歩にはもってこい。図書館や博物館を擁する大きな公園が点在する中、ひときわ目立つのが銀の花をかたどったフローラリス・ヘネリカ。気温に反応して花弁がゆっくり開いたり閉じたりするユニークなオブジェだ。

アルゼンチンの歴代大統領やノーベル賞受賞者など、多くの富豪や著名人がここに眠っている。

Barrioの象徴

レコレータ墓地
[Cementerio de la Recoleta]

　多くの著名人たちが眠るレコレータ墓地は、お墓の一つひとつが美術館を思わせる巨大な建造物で、さながらテーマパークのような趣。映画『エビータ(Evita)』で有名になった元大統領夫人のお墓の前は、常に賑わいを見せている。

Cementerio de la Recoleta
Junín 1760, Buenos Aires

Barrioの象徴
アテネオ書店
グランスプレンディッド劇場支店
［El Ateneo Grand Splendid］

El Ateneo Grand Splendid
Av.Santa Fe 1860,Buenos Aires
https://www.yenny-elateneo.com/local/grand-splendid/

　ブエノスアイレス発祥の老舗書店アテネオの支店は、イギリスのガーディアン紙で「世界で2番目に素晴しい本屋さん」に選ばれたことをきっかけに、世界中から多くの旅行者が訪れるように。もともとはタンゴショーなどが上演されていた劇場で、20世紀後半に映画館に。そして2000年に書店へと様変わり。劇場のボックスシート席だった場所にも本が並ぶ光景は圧巻。

Recoleta　43

まちのアウトラインをつかむには市街地をぐるっとめぐる観光バスはいかが？
Buenos Aires Bus

　滞在期間の長短を問わずすすめたいのが主要スポットをめぐるブエノスアイレスバス。２階はオープンエアーになっているので視界が広く、風を切って進むので開放的で気分がいい。何台ものバスが約20分間隔で運行しているので、乗車パスの購入時にもらえるマップ片手に自由にプランが立てられるのが嬉しい。
　好きな停留所で降り、好きなだけエリア散策を楽しんだ後、次の目的地へ。
　チケットオフィス及び運行スタート地点は５月広場近くにある。ちなみに１台のバスにずっと乗車し続けた場合、トータル乗車時間は約3時間15分。
　イヤホンで、ポイントごとに案内を聞くことができ、日本語にも対応。車両によっては対応していなかったり日本国旗の描かれた穴にイヤホンジャックを入れても違う言語が聞こえてきたりするが、そこはご愛嬌。

1. 少し高い位置からまちを眺められるのも魅力。2. アルゼンチンサッカーの2大チームのひとつ、CAリーベル・プレートの本拠地、エル・モヌメンタル・スタジアム。3. 大動脈、7月9日通りを見下ろす。4. バス停のルート図。

Buenos Aires Bus
9:00〜21:00
料金：24時間/490ペソ・48時間/650ペソ
https://www.buenosairesbus.com/

Buenos Aires Bus 45

ストリートはアートで溢れている！

　ブエノスアイレスのまちを歩いていると、多くの壁に絵が描かれていることに気づく。ボカ地区やパレルモ地区に特に多く、政治的な風刺画からコミカルなものまでそのジャンルは様々。元々は、ニューヨークの壁画を見て「かっこいい！」と感じた若者が壁に描き始めたというが、2001年のアルゼンチンの経済危機以降、「街に明るさと彩りを」との思いから、ストリートアートがどんどん増えていったのだとか。
　今では、個人やお店、行政がアーティストに「この壁に描いて！」と依頼をすることもあるそう。

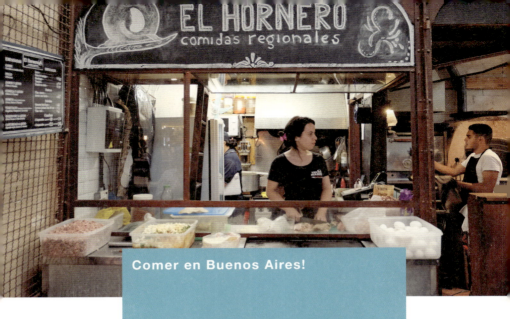

Comer en Buenos Aires!

Capítulo 2

ブエノスアイレスでこれ食べよ！

　古くから色々な国の移民を受け入れてきたブエノスアイレスは、食のバリエーションも大充実。中でも、歴史的に保存価値があるバーやカフェには、ブエノスアイレス市が「バー・ノタブレ、カフェ・ノタブレ」に指定しているので是非行ってほしい。

　レストランは、移民の人口の多い、イタリア料理、スペイン料理が多いが、牛肉の炭火焼き（アサード）の専門店も至るところにある。昼食の部（12時頃～15時頃）と夕食の部の時間帯（20時頃～1時頃）がありその間は店を閉める。

　カフェやバーは、食事と喫茶を兼ねた飲食店で終日営業しているところが多い。アルコール飲料類のカウンターがあったりなど「食」だけではなく「飲」にも重きを置いている印象で、カフェ機能とバー機能を兼ね備えているところが多い。

　ファストフードは、ミートソースをパン生地で包んでオーブンで焼いたエンパナーダ、ピザ、ハンバーガー、チョリソーをパンに挟んだチョリパン、カツレツをパンに挟んだミラネササンドなど、多種多様な専門店がある。

Buenos Aires 49

Cafeterías bares

ヨーロッパ文化が花開く社交の場
～カフェとバルいろいろ

　ヨーロッパ各地から大勢の移民がやってきた19世紀。移民たちによってパリをお手本に造られたブエノスアイレスの街には、本場パリ同様、社交の場としてのカフェが次々にオープンした。

　今でも趣のあるカフェが街中に溢れていて、各エリアごとに名物カフェがあるといってもいいぐらい。

　タンゴショーが楽しめるコンセプトカフェや、近代的なカフェ、スターバックスなどのチェーンを含めると、300軒を超えると言われているから、どこに入るか迷ってしまうほどだ。

　人々を観察していると、ポルテーニョたちのカフェの使いこなし方、過ごし方のうまさに感心する。一人で新聞を読みながらチーズとワインで午後のひとときを過ごす女性、ケーキとコーヒーを傍らに楽しそうに世間話に興じる男性たち……。それぞれ贔屓にしているカフェがあり、生活の一部にうまく取り入れているのがわかる。どうやらポルテーニョとカフェは、切っても切れない仲のようだ。

　ブエノスアイレス市が指定している老舗カフェやバルを「カフェ・ノタブレ」「バル・ノタブレ」といい、入り口に看板が出ていたり、マップがあったりする。

　ここではオススメカフェをいくつか紹介しよう。

文化人が集まるサロン、ブエノスアイレス最古のカフェ

Café Tortoni
［カフェ・トルトーニ］★カフェ・ノタブレ

　現存している最古のカフェは、1858年創業のカフェ・トルトーニ。重厚感溢れる調度品や照明、壁面の写真などが、著名な作家や詩人、哲学者たちが通いつめ、サロン的な役割を担っていた往時の様子を伝えている。ブエノスアイレスの中心を東西に走るマジョ通りの起点近く、観光客も多いエリアに位置するので、滞在中一度は訪れたい所だ。

　ベテランのギャルソンたちがテーブルの間を慣れた様子ですり抜けながら、気さくに客に声がけをする。ここの名物はスブマリーノ（潜水艦）という飲み物で、ホットスチームミルクに潜水艦をかたどったチョコレートがついてくる。このチョコレートをスプーンにのせ、文字通りミルクの底の方に沈めてからかき混ぜて飲む。いわゆるホットチョコレートなのだが、なんとも心にくい演出だ。

観光バスが乗りつけるほど有名なカフェだけに、店内は常に賑わいを見せる。

カフェの一番奥に設置されたステージでは、夜になるとタンゴショーが。8時スタートと比較的早いので、宵寝の人にはオススメ。

ホットサンドにクロックマダムなど、ボリュームのある定番メニューがずらり。

Café Tortoni
Avenida de Mayo 825, Buenos Aires
（モンセラート地区）
http://www.cafetortoni.com.ar/en/

Cafeterías bares 53

チュロスの先をホットチョコレートに浸しながら食べる。この組み合わせは絶妙!

コロン劇場での観劇の前後にいかが?

Petit Colon

[プティ・コロン] ★カフェ・ノタブレ

　名前にもその名がついている通り、世界三大劇場の一つ、コロン劇場の目と鼻の先にあるこのカフェ。プティ・コロン特製のグラン・プティセットは205ペソで、クッキー、ケーキ、トースト、オレンジジュース、紅茶が次々と運ばれてきてお得感が味わえる。チュロス付きのホットチョコ19ペソは、噛み応えのある香ばしいチュロスを温かいチョコレートドリンクに浸しながら味わう逸品。観劇のあとは、仲間と感想を分かち合いたいもの。そんなときこのカフェはうってつけだ。

愛され続けるメニューの数々。コーヒーだけでなく、紅茶の種類も多い。

セットメニューは、紅茶にオレンジジュース、クッキーにレアチーズケーキ、ホットサンドと盛りだくさん。

Petit Colon
Libertad 505, Buenos Aires（サン・ニコラス地区）
http://petitcolon.com.ar/

Cafeterías bares ✴ 55

ひときわ目を引くショーウィンドウの陳列に吸い寄せられるように道ゆく人が次々に足を止める。

スパイスが売りの黒猫カフェ

Don Victoriano
［ドン・ビクトリアーノ］★カフェ・ノタブレ

スパイス店からスタートしただけあって、珍しい商品を多く取り揃えている。

　劇場が多く「眠らない通り」として有名なコリエンテス大通りに1927年にオープンして以来、ずーっと街の顔として愛され続けきたカフェ。現在の名称はドン・ビクトリアーノだが、旧称エル・ガトー・ネグロ（黒猫）で広く知られている。オープン当初は、オーナーが各国から買いつけたスパイスを売るお店だったそう。オーク材のカウンターや棚が味わい深い店内では、今もコーヒー豆や紅茶の茶葉同様に、世界各国のスパイスを購入することができる。赤いリボンの黒猫が店のトレンドマークで、スパイスを買うと黒猫のイラストがついた缶に入れてくれる。

Don Victoriano (El Gato Negro)
Av.Corrientes 1669,Buenos Aires
（サン・ニコラス地区）
https://www.donvictoriano.com.ar/

一人で来店し、何時間もここで過ごす常連客も多くいるそう。

ボエド地区の通好みの老舗

Café Margot
［カフェ・マルゴ］★ カフェ・ノタブレ

　ブエノスアイレスへの愛を語ったアルゼンチンタンゴの曲「スル」に登場するボエド地区にある落ち着いた雰囲気のカフェ。午後は、常連のマダムたちが定位置でおしゃべりに興じる姿が見られる。コーヒーとティラミスを合わせるもよし、ターキーサンドなどの軽食を食べるのもよし。クラフトビールやワインをタパスと合わせるもよし。まちの中心地から少し遠いが、このカフェだけを目指して行ってほしい王道のカフェ。

メニューに載せているカフェは意外と少ないマテ茶がここでは飲める。

ベスト(ジレ)を羽織り、蝶ネクタイをしたギャルソンに会える。

大人のムード漂う落ち着きのある店内には、年配客が多い印象。

Café Margo
Av. Boedo 857, Buenos Aires
(ボエド地区)

夜はタンゴショーも楽しめる大箱

Café de los Angelitos
［ロス・アンヘリトス］★カフェ・ノタブレ

朝から深夜まで営業。店内にはステージがあり、週末の夕方(18時または19時頃)からバンドネオンの生演奏とともにタンゴショーが始まる。チーズ、アーモンド、ドライレーズンなどの盛り合わせが美味しいので、ワイン片手にタンゴを感じるひと時を過ごして欲しい。

スーツ姿の紳士が仕事の合間に軽食。このまちでは、男性がカフェでくつろぐ姿を本当によく見かける。

左奥の赤いカーテンの奥がショーステージ。昼となく夜となく常に賑わい、昼でもフォーマルな装いの人が多いのが特徴。

Cafe de los Angelitos
Rivadavia Av. 2100, corner of Rincon street Balvanera, Buenos Aires
(モンセラート地区)

映画のロケで使用されたこともある店内。窓辺でゆったりとランチをとる女性の姿が絵になる。

過去にタイムスリップしたかのような空間
Bar Seddon
［バル・セドン］ カフェ・ノタブレ

　アンティークな調度品が数多く飾られた店内は、格子柄のフロアーが特徴的で落ち着いた雰囲気。1人客をも優しく包んでくれる居心地の良さが魅力。コーヒーのほか、フレッシュジュースも多く取り揃えている。

Bar Seddon
Defensa 695, Buenos Aires
（サン・テルモ地区）

Cafeterias bares ✱ 63

どのお菓子も小ぶりなので、気になるものを何個か食べ比べたい。

ブエノスアイレスいち美味しいチーズケーキが食べられる

Florida Garden
［フロリダ・ガーデン］

　観光客で賑わうショッピングストリート、フロリダ通りにあるこのカフェは、店内に入るとすぐに大きなショーケースが目に飛び込んでくる。中にはティラミスや焼き菓子など、様々なスイーツが並んでいる。中でも人気なのが「ブエノスアイレスで一番美味しいの」とポルテーニョたちが口を揃えるチーズケーキ。チーズケーキは白くてフワッフワ。甘さ控えめでどれだけでも食べられる軽やかさだ。カウンターでさっとエスプレッソを立ち飲みして帰る常連さんも多い。

粉糖がたっぷりかかった名物のチーズケーキ。甘ったるさがなく、なめらかな舌触り。

「小さな頃からここのチーズケーキが大好きだった」という大人の男性がふらっと立ち寄る姿も。

Florida Garden
Florida 899, Buenos Aires（レティーロ地区）

ノスタルジックなまちのダイニング

🍴 Bar El Federal

[バル・エル・フェデラル]　★カフェ・ノタブレ

　1864年に開業した老舗。毎朝8時から深夜過ぎまで、朝食、昼食、お茶の時間や仕事終わりのビールまで、一日を通していろんな人のニーズに対応。木製のノスタルジックなバーカウンターやテーブルが印象的だが古ぼけた印象はなく、今を生きる人に寄り添う居心地のいい店。

石畳の街並みにスーッと溶け込む味のある外観。ストライプのオーニングが多いブエノスアイレスの店舗の中では珍しく、丸みを帯びたフリルと看板がアクセントになっている。

喫茶、軽食だけでなく、アラカルトも充実。コーヒー、パン、サラダ、シチュー……。老舗の風格は保ちつつ、客のどんな要望にも応えられる懐の深さが魅力の店だ。

Bar El Federal
Carlos Calvo 599, Buenos Aires（サン・テルモ地区）

Restaurante

移民の国ならではの
バリエーション
〜レストランいろいろ

　人種のるつぼ、ブエノスアイレスでは、移民が母国から持ち込んだ料理、先住民の料理など、あらゆる料理を楽しむことができる。

　特に、移民数の多いイタリア系のレストランは街の至るところにあり、パスタなどの軽食から本格イタリアンまで色んな種類が揃っている。スペイン料理が多いのはマジョ通りで、特におすすめなのが、スペイン、ポルトガルが起源と言われる「エンパナーダ」というミートパイのような食べ物。南米各国で様々な進化をとげ、それぞれの地域に根付いている国民的スナックだが、アルゼンチン版は、小麦粉とラードでつくった生地の上に鶏肉、牛肉、ハム、チーズ、野菜などの具材をのせ、半円形に包んで焼いたり揚げたりしたもの。専門店やピザ屋、カフェなどで気軽に楽しむことができるのでおすすめだ。

　もう一つ、観光客が手軽に買い求めることができる軽食が「チョリパン」。パンにチョリソーを挟んだだけのシンプルな食べ物だが、特製サルサとのバランスが絶妙でクセになる味。

　少数派ではあるがアジアからも移民が行っているので、中華、ベトナム、タイ、日本食も味わうことができる。特に中華料理は、小さなエリアながら中華街があるので他のアジア料理より店の数が多い。

家族づれの客が多いのが特徴。大人数でおしゃべりしながら数時間かけて食べる。

大勢で食べたい名物スペイン鍋、プチェーロ

El Imparcial
［エル・インパルシアル］

　スペイン修道院を由来に持つその地名からもわかるように、モンセラート地区は古くからスペインからの移民が多く住んでいた地区。そこに、1860年創業、ブエノスアイレス市で最も古いレストラン、エル・インパルシアルがある。料理はもちろんスペイン料理。中でもPuchero（プチェーロ）と呼ばれる鍋が有名で、夜遅くまでファミリーでワイワイ鍋を囲む姿が見られる。

パリッとアイロンがかかった布ナプキン。赤い刺繍が白に映える。

牛のスネ肉を大胆にカットしじっくりブイヨンで煮込んだスペイン鍋、プチェーロ。思いの外柔らかく、味がしっかり染み込んでいる。

午後9時ぐらいから食べ始め、お会計の頃にはすっかり夜が深まっている。

El Imparcial
Hipolito Yirigoyen 1201, Buenos Aires
（モンセラート地区）

ボカジュニアーズスタジアムに近い土地柄もあり、世界中から多くのプレイヤーが訪れる。

店の奥のカウンターでは、専任スタッフが
コーヒーを手際よく準備。

長年労働者の胃袋を支えてきた家庭的な店
El Obrero
［エル・オブレーロ］

　1954年に開店の老舗で、地元の人はもちろん、著名人にも愛されている人気店。壁にはサッカーやボクシングに関する記事の切り抜きや写真、天井からはユ

ムール貝、ラビオリ、パエリア。南欧由来のアラカルトが勢ぞろい。家庭的な雰囲気だけでなく、味のよさも人気の秘密。

ニホームや国旗が吊るされていて、庶民的で賑やかな雰囲気。店名のオブレーロとは労働者のことで、もともとこの地域で働く労働者たちの食事を出すお店としてスタート。料理は家庭的でボリューム満点。肉、魚料理、パスタはもちろん、時期によってはパエリアまで提供する懐の深い店だ。

El Obrero
Agustín R. Caffarena 64, Buenos Aires
（ボカ地区）

ノスタルジックなまちのダイニング

Restaurante Chino Central
［中央飯店］

後述のコラムで詳しく述べている香港映画、『ブエノスアイレス』にも登場した店。春巻き、イカと青菜の塩炒め、トマトとニラの卵炒め、チャーハン、もやし入り焼きそばなどなど、日本人にもお馴染みのホッとする品揃え。一口餃子は軽く揚げ焼きしてあり、香ばしくて美味。

レトロだが古ぼけた印象がなく、どこかモダンな店内。
手入れの行き届いた白いテーブルクロスに品を感じる。

むき海老が入ったパラパラのチャーハンに、小ぶりでジューシーな餃子、焼きそばなど、日本人好みの味ばかり。もやし入り焼きそばのもやしは、日本のものより太めでシャキシャキとしていて、麺とよく合う。

Restaurante Chino Central
Rivadavia 656, Buenos Aires

国民的ヒロイン、エビータの半生が感じられる庭のあるカフェ

Museo Evita Restaurante
［エビータ博物館レストラン］

　富裕層の多いパレルモ地区に、2001年にオープンしたエビータ博物館は、20世紀初頭にカラバッサ家の豪邸として建てられたもので、1999年に、アルゼンチン重要文化遺産に指定されている。そこに併設されたレストランは、2002年にエバ・ペロン没後50周年を機に創業。中庭がとても美しく、軽食からアラカルトメニューまで幅広く楽しむことができる。エビータ博物館では、彼女のドラマチックな人生に迫る展示が見られるので、併せて楽しんで欲しい。

人気を博したエビータの33年の生涯を、ビデオやパネルなどを交えて紹介する美術館。中でも注目はファッションアイテムのコレクションだ。

ミラノ風カツレツ（ミラネーゼ）や豚肉のソテーが人気。デザートはどれもボリュームたっぷりで満足度が高い。

オープンエアーのテラス席が人気。木々に囲まれながらのんびりランチしたい。

Museo Evita Restaurante
Juan María Gutiérrez 3926
（パレルモ地区）
https://www.
museoevitaresto.com.ar

注文カウンターでの開店準備風景。11時の開店と同時にお客さんが次々来店。

観劇帰りに立ち寄りたい、エンタメ街の愛すべきピザ屋さん

 # Pizzería Güerrin

［ピッツェリア　グエリィン］

　数々の劇場が建ち並ぶコリエンテス大通りの老舗店。観劇の後、興奮冷めやらぬ状態で、ピザを頬張りながら舞台について語り合うのがポルテーニョたちの定番スタイル。数あるピザ屋の中でもこの店がダントツ有名。開店と同時にポルテーニョたちが待ってましたと入店。パプリカ、トマトなどトッピングは色々あるが、中でも人気なのはスライスした玉ねぎをのせただけのシンプルなもの。とにかくチーズが濃厚でボリュームたっぷり。

オーダーをききながら、慣れた手つきでピザをカットしていく店員。

大人数収容できるホール。劇場通りにあるため深夜まで大繁盛。

人気のトッピングをあれこれミックスした一皿。

Pizzeria Güerrin
Av. Corrientes 1368,
Buenos Aires
（サン・ニコラス地区）

Restaurante 81

白と赤のカラーで統一された、洗練されたカフェ

Farinelli
［ファリネッリ］

エスプレッソが自慢のモダンなカフェ。ガスパチョにサラダ、フィンガーフードにサンドイッチとヘルシーなラインナップ。キッシュも美味しい。老舗のカフェ・ノータブレの対極にあるカフェだが、お店の外のテーブルでのんびり過ごしたくなるような、スローな時間が流れる店。

トルティーヤのラップサンド。具沢山なので、この一皿でお腹がいっぱいになる。

Farinelli
Bulnes 2707 Esq. Cervino, Buenos Aires（パレルモ地区）

あちこちでチェーン展開しているカフェ

Dandy
［ダンディ］

大通りに面している、入りやすいカフェ。2階の壁に掲げられている「COCINA HONESTA（正直者食堂）」の文字が印象的。サラダ、ハンバーガー、パスタとなんでもありのバラエティーカフェ。

スペイン、イタリア料理だけでなく、ハンバーガーやポテトフライまで、幅広いニーズに対応している。

外観はレトロだが内装はモダン。客層はやや若め。

Dandy
Avenida Del Libertador 2410, Buenos Aires
（パレルモ地区）

1つだけでもお腹いっぱい、ビールによく合うハンバーガー

Williamsburg
［ウイリアムズバーグ］

ファストフードと侮るなかれ。つなぎがほとんどない牛肉100％のハンバーグは、旨味たっぷりでガツンとした味わい。味がしっかりと濃いので、ビールによく合う。

レタスチーズバーガーは噛めば噛むほど旨味が口の中に広がる。

Williamsburg
Armenia 1532,
Buenos Aires
（パレルモ地区）

チョリパンをカッコよくプロデュース

Chori
［チョリ］

一般的にチョリパンは古くから地域にある個人商店や屋台で売られることが多いのだが、このチョリは、流行発信地区、パレルモにあるだけあって、店構え、店舗ロゴ、イラスト、ラッピングペーパー、メニュー表に至るまで、細部まで計算され、プロデュースされている。もちろん味も美味しくて、店内のグリルでじっくり焼かれたチョリソーは、肉々しくてジューシー。パンももちもちしていて、クセになる食感。

炭火焼きしたジューシーなチョリソーは、ずっしり弾力のある白いバンズとよく合う。

ウィンドウに吊り下げられたチョリソーにつられ、人が吸い寄せられるように店内へ。

Chori
Thames 1653, Buenos Aires
（パレルモ地区）

Restaurante Carne

国民の主食と称される、味わい深い牛肉料理の店いろいろ

　忘れてはならないのが牛肉料理。アルゼンチンは、人の数より牛の数が多いと言われるほど牧畜が盛んで、パンパ（アルゼンチン中部の草原地帯）やアンデス山脈に住むガウチョ（牧畜に従事する人々）の間で様々な料理が伝えられてきた。中でもアサードと呼ばれる炭火焼肉料理は、各家庭で焼き具合、タレが異なり、週末に家族や友人、親戚を招いて自宅で食べるのが一般的。街中のいたるところにパリージャと呼ばれる専門店があるので、観光客でも気軽に楽しむことができる。

　そして、肉料理のおともに欠かせないのがマテ茶。近年日本でも、含まれる食物繊維の豊富さから注目されるようになってきたが、栄養バランスの意味でも、肉食中心のポルテーニョにとって、なくてはならない飲み物のようだ。

　飲み物といえば、アルゼンチンは良質のワインの生産地としても知られており、特にマルベックという品種は風土との相性がいいようで、欧州産に負けない評価をされることもしばしば。マルベックは、「黒ワイン」と称されるほど色も味も濃く、肉料理によく合うので、アサードのおともに是非試して欲しい。

ドリンク専門のカウンターではバーテンダーがどんな注文にも対応してくれる。

グリルした野菜に胡椒をひとふり。一皿ごとに合うソースを提案するなど、とにかくギャルソンのサービスが素晴らしい。

料理の質もサービスもオーセンティックな名店

Fervor
[フェルボール]

重厚感のある建物に入ると、高い天井から吊るされたシャンデリアが目にとまる。なんともエレガントな雰囲気をまとうこのお店のアサードは旨味たっぷりで上質な味わい。ホールサービスも洗練されていいるので、優雅な時間を堪能することができる。肉だけでなく魚介のメニューもある。

Fervor
Posadas 1519, Buenos Aires（レコレータ地区）
http://www.fervorbrasas.com.ar/

Restaurante Beef　87

繁華街の中にあり、観光客が気軽に立ち寄れる雰囲気の店構えが嬉しい。

典型的なパリージャの雰囲気が味わえる

El Gaucho
［エル・ガウチョ］

庶民的な雰囲気の昔ながらの専門店。肉は硬めではあるが、「牛肉は歯ごたえがあってこそ」というポルテーニョも多く、観光客に混ざって地元の家族連れを多く見かける。

飾りっ気のないサービスで、肩肘張らずに肉を頬張ることができる。

次々に訪れる観光客用に、牛肉、鶏肉、チョリソーが常にグリルの上で待機。

アサードの専門店だが、アラカルトも。スペイン風オムレツはニンニクがしっかりきいていて美味。

El Gaucho
Lavalle 870, Buenos Aires
（モンセラート地区）

ミディアムレアに焼き上げられたアンガス牛のアサード。
焼く前に振りかけられた岩塩がしっかりきいている。

焼き場一筋のスタッフ。部位ごとに肉の特徴をとらえ、グリル台のどの位置に置くのか、どれぐらいの時間をかけて焼くのかなど、徹底したこだわりを見せる。

運河沿いにある洗練された空間

La Cabaña
［ラ・カバーナ］

　創業80年以上の老舗。広大な土地で放牧されたアンガス牛を大きなグリルで焼き、一番いい状態で出してくれる。臭みがなく、さっぱり。肉質が柔らかく、味に深みがある。夜遅くまで営業しているので、ライトアップしたビル群や運河を眺めながらのんびり過ごしたい。

やたらと触らず、ひっくり返さず、状態を見極めじっくりと待つ。

旨味たっぷりのチョリソーに色々な部位の牛肉、そしてドレッシングが美味しい新鮮なサラダ。

La Cabaña
Alicia Moreau de Justo 380, Buenos Aires
（プエルト・マデーロ）

Bebidas postres

ドリンクやデザートを楽しむ店いろいろ

マテ茶セットに、レモネード、チーズなど、オーナーこだわりのメニュー。

マテ茶はガウチョが集うバルを模したカフェで
Pulpería Quilapán
［プルペリア・キラパン］

　アンティーク好きのオーナーのコレクションが見事なカフェ。その昔、荒くれ者のガウチョが集うバルには、酒に酔って暴れるガウチョから身を守るため、バーカウンターには鉄格子がついていたそうで、そんなお店の雰囲気を再現した一角がある。広々とした中庭で美味しいマテ茶を楽しんでみては。

石のついた投げ縄を手にする茶目っ気たっぷりのオーナー。

ペンギンの水差しは土産物屋でもよく見かける。

半分屋根のあるオープンテラスは日差しが入ってきて気持ちがいい。

鉄格子のあるバーカウンター。これならどれだけ荒くれ者が来ても安心だ。

Pulpería Quilapán
Defensa 1344, Buenos Aires
（サン・テルモ地区）
http://pulperiaquilapan.com/

若者に人気のおしゃれなチョコレートとジェラートの店

🍸 Rapa Nui
［ラパ ヌイ］

　イタリア系ファミリーが作るチョコレートは、カカオの粒からボンボンを作り上げるまでの工程が全て手作業。ブエノスアイレスのどこを探しても、ボンボン、チョコレート、ジェラートを全部手作りで作っているお店は他にない。

　パタゴニア産のフランボワーズを2種類のチョコレートで包んだボンボンは繊細な味わい。

プラリネ（ナッツ類の入った一口サイズのチョコ）も、ヘーゼルナッツにピスタチオに落花生と、いろんな味の違いが楽しめる。

Rapa Nui
Uruguay 1284, Buenos Aires
（レコレータ地区）
Malabia 2014, Buenos Aires
（パレルモ地区）

カドーレ家のお母さんが「もう何十年もこうやってきたから慣れたものよ」とアイスを美しく盛りつけていく。

小さな頃からのファン、という男性が多い

🍸 Cadore
［カドーレ］

　オーストリアからの移民、カドーレー家が4世代にわたり守り続けてきた味。新鮮で品質の高い材料を使用している。ドルセ・デ・レーチェ（キャラメル味）、シシリアンピスタチオ、チャイ…どれを食べても濃厚で抜群に美味しい。ナショナルジオグラフィック、世界で最も美味しいアイス、ベスト10（2017年度）に入った店。

Cadore
AV. Corrientes 1695, Buenos Aires
http://heladeriacadore.com.ar

Bebidas postres　95

国民的人気！　マファルダちゃん

　本屋さんで、お土産屋さんで、雑貨屋さんで、ひときわ目立つ女の子のキャラクター。この子は誰？　気になったので聞いてみると、「知らないの？　マファルダだよ」という答え。アルゼンチン人ならみんな知っているというこの国民的キャラクターは、1960年代から1970年代にかけて新聞で連載された、アルゼンチンの漫画家キノによる風刺漫画の主人公なんだとか。
　6歳のマファルダちゃんは、とにかくおませで、家族や友人などと日常生活から政治に至るまでユーモアにあふれる辛口トークを繰り広げる。アルゼンチンだけでなく各

国で人気を博し、日本でもかつて、信用金庫のマスコットキャラクターとして採用されたり、本が日本語訳されて刊行されたことも。アニメーションは日本語に吹き替えられ『おませなマハルダ』の邦題で放映されたこともあるという。なんとなく親しみを感じるのはそのせいだろうか。

物語の中の登場人物は個性的なキャラクター揃い。グッズの数も多く、Tシャツにマグカップ、ノートにペンケースと色々な商品を見かける。

Columna 97

もはや骨董品のような書物を多く取り扱う本屋さん

The Antique Book Shop

［ジ・アンティーク・ブック・ショップ］

 本

Libertad 1236, Buenos Aires
（レティーロ地区）

　ブエノスアイレスといえば、雑貨好きの間ではヨーロッパの雑貨類や食器類の掘り出し物が見つかるまちとして知られているが、本も同様で、古本というよりは、骨董品のような希少価値の高い本が見つかることが多い。この書店もそう。こじんまりとた店構えで、品揃えは少ないが、他にはない本に巡り会うことができる。

Compras en Buenos Aires!

Capítulo

3

ブエノスアイレスで買うならこれ！

　壁画アートに溢れるまち並みを見ているだけでも、ブエノスアイレスがいかにクリエイティブな場所かを実感する。多くの移民を受け入れてきた歴史が、多様な考え方や発想を飲み込み、このまち特有の感性を生み出してきたことは想像に難くない。
　独自の感性で店づくりをしているお店に出会うのもまち歩きの楽しみの一つ。
　雑貨店に書店に食材店……どの店も、独自の店構えをし、独自の陳列方法をし、独自の商品パッケージで店の個性を表現をしていて見ていて飽きることがない。
　日本に進出しているブランドもあり、そのデザイン性に注目が集まっているポルテーニョデザイン。ここでは滞在中にぜひ立ち寄ってもらいたい店舗をいくつかご紹介したい。中でも本好きで有名なポルテーニョが満足する本屋さんは必見。

花モチーフのオリジナルペーパークラフト店

Tintha
［ティンタ］

 雑貨・ペーパークラフト

Costa Rica 4902, Buenos Aires（パレルモ・ソーホー地区） https://www.tintha.com.ar

ノート、便箋、封筒など、オリジナルの紙類を多数揃えるお店、ティンタ。女心をくすぐる花モチーフの柄はオーナー女性自ら色々な場所を訪ね、土地土地で着想を得てデザインしたもの。大胆な柄やビビッドな色のものもあり、どれを選ぶか迷ってしまう。パーティの招待状、レシピノートなど、生活を彩るペーパーグッズはお土産にも最適。

落ち着きのある店内には、花をモチーフにしたデザインのものが多い。大人の女性でも抵抗なく使えるエレガントなものばかり。日常の様々なシーンを彩ってくれそう。

文房具マニアが喜ぶかわいい文具がずらり

Monoblock
［モノブロック］

 雑貨・紙類

El Salvador 4833,
Buenos Aires
（パレルモ地区）

　前述のティンタはフェミニン、エレガント路線だが、こちらはどちらかというとポップなガーリー路線。リングノートにペンケース。包装紙はうまく持って帰る方法が見つかる気がしないのにどうしても手が伸びてしまう一品。ポストカードの品揃えも充実しているので、友達の顔を思い浮かべながら選んでカフェへ行き、ブエノスアイレスから手紙を出すというのも粋。

紙ものを見るとときめく女性は年齢問わず多いのではないだろうか。間口が狭く限られたスペースの店舗ながら、常に多くの人が出入りしている人気店だ。

Hacer compras 101

リーズナブルなアンティークが見つかる
Mercado San Telmo
［サン・テルモ市場］

　雑貨・食材

**Bolívar 970,
Buenos Aires**
（サン・テルモ地区）

　市民の台所として、肉や野菜などがずらりと並ぶサン・テルモ市場だが、おすすめなのが同じ建物の中にある雑貨店。雑貨の買付け師の間では「ヨーロッパのアンティークをリーズナブルに買付けたければ、ブエノスアイレスを目指せ」と言われているよう。屋内にありカフェも併設されているので、休み休みじっくり見ていけば、掘り出し物に出会えるはず。

陶器に磁器、銀細工などの食器類、精巧な細工の工芸品が至るところに。状態のいい良質のものが多いので、根気よく探してほしい。

スイーツ好きには堪らない
La Vaca Lechera de San Telmo
［ラ・バカ・レチェーラ・デ・サン・テルモ］

食材

Defensa 869, Buenos Aires（サン・テルモ地区）

観光客の多いサン・テルモの通り。ひときわ目立つ牛の置物が出迎えてくれるのは、ミルクジャムのお店。牛乳と砂糖をじっくり煮込んだミルクジャムは、濃厚な甘さと、練乳のようなとろりとした味わいで、一度体験するとクセになってしまう。種類も豊富で、試食することも可能なので、色々食べ比べてお気に入りを見つけたい。

ミルクジャムのほか、チョコパイみたいなお菓子、アルファホル（写真左下）もお土産に大人気。この甘いお菓子は子どもから大人まで、アルゼンチン中の人に愛されている。

ファッションの街、パレルモ・ソーホーを牽引する人気店
Juana de Arco
［ホォアナ・デ・アルコ］

 ファッション

El Salvador 4762, Buenos Aires
（パレルモ・ソーホー地区）

　パレルモ・ソーホーを有名にした服飾ブランドの一つ。刺激的な色使いだけれど、派手さを感じさせない、斬新なデザインの商品はどれも1点もの。ランジェリーやヨガウエア、手編みのニットなどを展開し、愛情溢れる心豊かな生活を提案している。デザイナーのマリアナ・コルテスは、若手アーティストの育成などに取り組んでおり、日本にも進出している。

ブランド名はスペイン語でジャンヌダルクを意味し、自らの開放や新しい発見をテーマにしたアイテムを次々と打ち出している。

ホォアナ・デ・アルコが展開する子ども服の店
Juana de Arco para niños
［ホォアナ・デ・アルコ・パラ・ニーニョス］

ファッション

El Salvador 4762, Buenos Aires
（パレルモ・ソーホー地区）

ホォアナ・デ・アルコのデザイナー、マリアナ・コルテスは2児の母。大人向けの店舗の隣にキッズ用のお店も展開しており、こちらも刺激的なラインナップで注目を集めている。Tシャツ、ワンピースなどのカジュアルなものが多く、大人向け同様、素材の良さ、肌触りの心地よさは抜群。親子でリンクコーデが楽しめるようなアイテムも取り揃えている。

ガラス越しに見える店内は広々としていて開放的。動きやすさを大切にしながらも、他には無い個性的で奇抜なデザインが特徴。

こだわりの商品を集めた食のセレクトショップ
Hierbabuena
［イェルバブエナ］

 食材

454, AAN, Av. Caseros, Buenos Aires
（モンセラート地区）

　チーズに卵、調味料など、厳選された商品を取り揃える人気のオーガニック食材店。こだわりの素材を加工して作られたマフィンやクッキーが、センスよくパッケージされ並んでいる。隣にはレストランを併設。エコバッグやジャムなど、お土産として持ち帰れるものも多い。洗練されつつも、素朴さを大切にした店づくりにはファンも多い。

ハイセンスなお店が立ち並ぶエリアにありながら、木のぬくもりを感じさせるインテリアがかえって新鮮。

ワインも揃うおしゃれデリ
The Pick Market
［ザ・ピック・マーケット］

　食材

529 Ave. Manuel Quintana, Recoleta
Buenos Aires（レコレータ地区）

チーズやハム、フルーツまで揃っている食材店。デリコーナーがあるので、お昼には生ハムのサンドイッチやサーモン入りのサラダなどを買う人が訪れる。夕方にはスーツ姿の紳士が「さあ、仕事が終わった。さて大好きなアイスでも食べるか」といった表情でアイスクリームコーナーに一目散でやってくる姿も。ワインのセレクトにもこだわりがある。

調味料や乾物が多いので、気に入ったら躊躇せずに買って帰れるのが旅行者には嬉しい。

花とジンという意外な組み合わせで注目の店
Florería Atlántico
［フロレリア・アトランティコ］

 花とジン

Arroyo 872,
Buenos Aires
（レティーロ地区）
http://www.floreriaa
tlantico.com.a

　レティーロ駅のほど近くにあるフロレリア・アトランティコは、セレクトされたセンスのいい花材が印象的な花屋さん。壁一面の棚にはジンがずらり。聞けばこの店の地下には知る人ぞ知るバーがあり、夜な夜なおしゃれなポルテーニョが集まり、グラスを傾けているのだとか。

人気のオリジナルジンは Apostoles（アポストレス）。スペイン語で「12使徒」の意味を持つジンで原料はマテ。花は持って帰ることができないが、ジンならお土産になるのでは。

マテ茶を楽しむための全てが揃う専門店

Todo Mates
［トード・マテス］

 マテ茶

Thames 1861, Buenos Aires
（パレルモ・ビエッホ地区）
http://www.todomates.com.ar/

ポルテーニョの愛飲茶といえばマテ。このお店では、茶器と銀のストローはもちろん、お湯を入れるポットやそれらすべてを入れるバッグまで、こだわりのアイテムがすべて揃ってしまう。肉類を多く摂取する彼らにとって繊維質の宝庫であるマテ茶は、なくてはならない存在なのだ。

日本人でも茶道の道具一式を毎日持ち歩くような人はほとんどいないが、ブエノスアイレスのまちを歩く人を注意深く見ていると、肩からマイマテバッグをぶら下げている人の多さに驚く。

手軽に何でも揃う旅行者の味方
Disco
［ディスコ］

　スーパーマーケット

ディスコはアルゼンチンのスーパーマーケットチェーン。ブエノスアイレスの市街地に点在しており、品揃えがよく便利な存在。肉の種類の多さはもちろん、ヨーグルトの種類の多さに驚く。そして何と言っても素晴らしいのは、陳列の仕方が美しいこと。店員が細かく店内をまわり、商品をチェック。まち中の個人商店でも感じた美意識の高さがここでも息づいているのだ。コスパの良いワインも

左下のエンパナーダは、小麦粉の生地の中にひき肉を炒めたものがぎっしり詰まった国民食。スーパーでもいい場所を占めている。

置いているので、ハムとチーズを買って帰り、ホテルで食べるのもいい。赤ワイン一つとっても、テーブルワインから高級ワインまでずらり。調味料や袋菓子もたくさん売っているので、お土産の調達にも便利。スーツケースの空き状況に合わせて、旅程の終盤に訪れることをおすすめする。ちなみに、お酒を買う時はパスポートなどの身分証明書の提示を求められるので、必ず持ち歩くようにしよう。

瓶詰めや缶詰の商品も平台に盛大に並べられている。

畜産だけでなく酪農も盛んなアルゼンチン。良質の生乳から作ったヨーグルトが所狭しと並ぶ。

Hacer compras 111

一日中過ごしたくなる開放感あふれる本屋さん
Libros del Pasaje
［リブロス・デル・パサーヘ］

本

Thames 1762,
Buenos Aires
（パレルモ地区）

感度の高いパレルモ地区にあるこの本屋さんは、高い天井まで届くほどの書架にぎっしりと本が詰め込まれ、本好きにはたまらない空間。2階には書斎風の部屋も設えられ、ソファに座りくつろぎながら本を閲覧することができる。カフェも併設しているので本を片手に時間を忘れてのんびりしたい。

カフェがあったりいたるところに椅子が置いてあったりと、
何時間でもいたくなるような居心地のいい空間。

天井まで届かんばかりの書架に囲まれ、親子でくつろげるスペースも。

ブエノスアイレスで最も古い本屋さん
Librería de Ávila
［リブレリア・デ・アビラ］

 本

Adolfo Alsina 500,
Buenos Aires
（モンセラート地区）

　アビラ書店は、市内で最も古い書店の現在の名前で、その起源は18世紀後半に遡る。1785年、ある薬剤師がブエノスアイレスで初めて新聞や政治、経済のジャンルの書籍を販売。国立大学からほど近い場所にあったので、学校図書館としても機能していたのだとか。その後様々な経緯を経て、後を引き継いだミゲル・アビラは、伝統的なスタイルを維持しつつ、古い書籍や雑誌を取り揃え、希少性に特化した場所に変貌させた。

1階も広いが、地下へと続く階段を降りると、さらに広々とした空間が広がっている。写真集、図鑑、文芸書など、ジャンル別に分かれているので、探したいものが見つかりやすい。

家族経営の小さくも個性的な本屋さん
Alberto Casares Libros
［アルベルト・カサレス・リブロス］

本

Suipacha 521, Buenos Aires
（サン・ニコラス地区）

昔ながらの個人商店の中で、スイパチャ通りにひしめくひときわ優しい空気をまとった書店。店内に入るとふんわりと古本の香りがし、壁には往年の作家が訪れた時の写真などが飾られている。店主に話を聞くと家族経営で長い間コツコツと営んできたのだと穏やかな口調で話してくれた。

本がこちらに向かって話しかけてくるような感覚をおぼえる書店。きっと代々の店主が一冊一冊を大切にしながら売っていたのだろう。

映画の中のブエノスアイレス

🎥 Buenos Aires en las Películas 『ブエノスアイレス』

文化人に愛されるこのまちは、映画や小説の中にも度々登場する。日本人に馴染みがあるのは、1997年公開の香港映画『ブエノスアイレス』だろうか。この映画のファンなら是非訪れてほしいロケ現場をいくつか紹介しよう。

タンゴバー
Bar Sur
［バル・スル］
Estados Unidos 299,
Buenos Aires（サン・テルモ地区）

映画の中でファイがドアマンとして働いていたタンゴバー。タンゴの生演奏とバス・スールダンスが楽しめる。

『ブエノスアイレス』

　香港から地球の裏側にあるアルゼンチンを目指し旅するゲイカップル、ウィン（レスリー・チャン）とファイ（トニー・レオン）。関係を取り戻すための旅行にもかかわらず、現地に着くとまた喧嘩別れしてしまう。ファイは旅費不足を補うためにブエノスアイレスのタンゴバーでドアマンとして働くが、そこへ白人男性とともにウィンが客として現れ……。

配信中

© 1997, 2008 Block
2 Pictures Inc.
All Rights Reserved.

Buenos Aires en las Películas 『ブエノスアイレス』

Kiosco
［キオスコ］
（サン・テルモ地区）

　ファイが仕事の合間にサンドイッチやドリンクを買っていた店。
　Kioscoは町のいたるところにあり、お菓子、タバコ、ジュースなどを売っている。このキオスクは、Bar SurのEstados Unidos通りを挟んだ向かい側にある。

Estación Retiro
［レティーロ駅］
（レティーロ地区）

　ファイがウィンを偶然見かけた場所。この駅のトイレは一夜を過ごす相手を品定めする場所として描かれている。

Hipódromo Argentino de Palermo ［パレルモ競馬場］
Av. del Libertador 4101, Buenos Aires
2月3日公園 Parque 3 de Febrero 内（パレルモ地区）

　ファイとウィンが一緒に訪れた競馬場。

Puente Nicolás Avellaneda
［ニコラス・アベジャネーダ運搬橋］
Av.Don Pedro de Mendoza 付近（ボカ地区）

　ウィンがファイを無理矢理連れていき、渡ろうとした橋。両端にあるビルの階段をのぼると橋のたもとに着くしくみだが、ビルはほとんど廃墟化している。

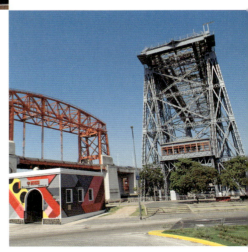

Buenos Aires en las Películas　119

Buenos Aires en las Películas 『世界から猫が消えたなら』

Hotel en Buenos Aires
［ホステル］

（レコレータ地区）

　僕と彼女と流浪の旅人トムさんが宿泊していたホステル。

Feria de plaza Julio Cortázar
［広場のマーケット］

Feria de Plaza Julio Cortázar
Serrano S/N, Buenos Aires（パレルモ地区）

僕と彼女がトムさんと別れたクラフト市。

『世界から猫が消えたなら』
　主人公の僕は、ある日医師に余命宣告を受ける。その夜自宅に主人公と同じ顔の悪魔が現れ「この世界から1つだけ『あるもの』を消す。その代わり寿命を1日得ることができる」という取引を持ちかけられる。僕は悩みながらも、死への恐怖から取引を了承する。電話、映画、世界から色々なものが消えていった先にあるものは……。

『世界から猫が消えたなら
DVD 通常版』　DVD 発売中
￥3,800 ＋税
発売元：小学館・博報堂DY
メディアパートナーズ・
アミューズ
販売元：東宝
©2016 映画
「世界から猫が消えたなら」
製作委員会

Buenos Aires en las Películas　121

Disfrutar del auténtico tango

Capítulo 4

本場のタンゴを堪能しよう！

　アルゼンチン・タンゴが生まれた経緯は諸説あるが、19世紀半ばにラプラタ川流域（ブエノスアイレス、モンテビデオ近辺）で生まれた説が有力だ。国際貿易で繁栄を極めた当時のブエノスアイレスは、ヨーロッパから夢を抱いてやってきた移民たち、アフリカから労働力として連れてこられた人たちで溢れかえり、活気に満ちていたという。
　タンゴの旋律は、ある種の悲哀が混じっているようにも聞こえるが、新天地での期待、故郷を離れざるを得なかった寂しさ、切なさなど、色々な心情が複雑に絡み合ってできたものと言えるかもしれない。
　ブエノスアイレスまで行ったなら、そんな空気感を体感しながら、本場のタンゴを是非味わってほしい。

Auténtico tango　123

本格的に鑑賞するなら
タンゴショー
Espectáculo de tango

　観る、踊る、奏でる……タンゴの楽しみ方には色々あるが、タンゴ鑑賞をするなら、バーやレストランへ。ショー会場によって値段も異なり、リーズナブルな店から、世界的なダンサーのパフォーマンスが堪能できる店まで様々。ディナーの後始まるショーも多いので、帰りが心配な人向けに、往復送迎付プランがある店もある。

ステージ上でストーリー仕立てのダンスが次々と展開していく。軽快なステップのものから官能的なものまで、演出の幅が広くて多彩。一夜にしてたくさんのパフォーマンスを目の当たりにすることができる。

ショータンゴはスポットが当たるダンサーだけが見所ではない。バックで演奏する楽団は、演奏者によって曲のアレンジの仕方が大きく変わるのが特徴。最高の舞台装置で音楽とダンス、両方を堪能してほしい。

ストリートタンゴ
Tango callejero

　観光客が多いところでは、定期的にストリートダンスが行われている。この時間にここに行くと必ず見られると言い切るのは難しいが、遭遇率が高いのは、ボカ地区、フロリダ通り、ドレーゴ広場など。ステージの上を見上げるように鑑賞するのではなく、同じ視点で気軽に楽しめるのが魅力。

カミナンド（歩く）、ガンチョ（互いの足を絡める）、アブラッソ（抱擁）、クニータ（前後運動のステップ）、サカーダ（はらう）、ボレアーダ（後ろに足をはねあげる）などの基本のステップを組み合わせて踊る。

ドレーゴ広場にはためくアルゼンチン国旗の下で、悠々と踊るプロの男性と一般の女性。

この２人はデモンストレーションをするプロ同士。公園のベンチやカフェでくつろぐ人たちが観客。

Auténtico tango 131

自分も踊ってみたいなら
ミロンガ
Milonga

　ミロンガは、元々は音楽ジャンルやダンスの形式名だが、アルゼンチンでは、ダンスを踊る場所そのものをミロンガと呼んでいる。

　設備について厳密な定義はなく、ダンスフロアーの周りにテーブル席を配置し飲食可能としたような場所やダンスフロアの周囲に椅子を並べただけの場所など様々。変わったところでは、公園にオーガナイザーがオーディオ機器を持ち込む即席ミロンガもある。日中空いているミロンガもあり、買い物かごをぶら下げたご婦人が、かごの中にタンゴシューズを入れて立ち寄り、ひとしきり踊った後家に帰って夕飯の支度をする……なんていう風景に出くわすこともある。

夜になると人通りが少なくなるこのエリアも、ドアを隔てた向こうは大賑わいだ。

おすすめミロンガ 1
Bar Los Laureles
［バル・ロス・ローレレス］
★バル・ノタブレ

Av. Gral. Iriarte 2290, Buenos Aires
（バラカス地区）

　日が暮れると一人また一人と店内に人が吸い込まれていき、ステップのレッスンが始まる。9時を過ぎた頃にはフロアは人で溢れかえり、あらゆる世代の人々がダンスに興じる。夜更けには歌のライブが始まるのだが、バンドマンも歌手もいぶし銀で味わい深い。

夜の浅い時間はレッスンタイム。真ん中の青いTシャツの男性が待機。希望者にはステップの手ほどきをする(写真上)。深い時間になると、歌い手が登場。フロアにいる人たちもしばし動きを止め、耳を傾ける。

おすすめミロンガ2

Milonga Salón Canning
［ミロンガ・サロン・カニング］

Scalabrini Ortíz 1331, Buenos Aires
（パレルモ地区）

　世界中のタンゴ愛好家の間で評判のミロンガ・サロン・カニング。入り口からダンスフロアまでの長廊下の両脇には、著名なタンゴダンサーたちのデモンストレーション写真がずらり。どの角度からどの瞬間にシャッターを切ればいいかを熟知したベテランの写真家によるもので、非常に見ごたえがある。ダンスフロアにはドレスアップしたダンサーが所狭しと踊りに興じ、その熱気は冷めるどころか夜が深くなるにつれヒートアップしていく。とにかくハレを感じる華やかなミロンガだ。

開店と同時にどっと人が押し寄せる。フロアまで少しずつ歩を進める間に、歴代のタンゴダンサーたちの写真が堪能できる。

真夜中になると颯爽と現れるタンゴシンガーと演奏家たち。それまではぎゅうぎゅう詰めだったフロアも一旦人気がまばらに。皆一様に椅子に座り、しばし歌と音を堪能する。

70年代映画のプロムシーンを思わせるレトロな味わいのダンスフロア。地域密着型の公民館のような佇まいだが、意外に通好みだ。

おすすめミロンガ3

Milonga Villa Malcolm
［ミロンガ・ビジャ・マルコム］

Av. Córdoba 5064, Buenos Aires
（パレルモ地区）

　昔ながらの公民館を思わせる庶民的な建物の階段を上がっていくと突如ダンスフロアが現れる。他の階では、赤ちゃんのためのサッカー教室、空手教室、ブラジリアン柔術教室をやっていて、ここもたまにタンゴ教室として場所を提供する程度だったが、13年ほど前からオーガナイザーがミロンガを企画するようになった。夜な夜な熟練のダンサーたちがタンゴシューズ片手に訪れ、本格的なバンドをバックに思い思いの時間を過ごしている。

夕方にはまばらだった人影が、夜が深まるにつれどんどん増えていく。櫓の上で踊る地域密着型の盆踊りを彷彿とさせるシーンだ。

おすすめミロンガ 4

Milonga de La Glorieta
［ミロンガ・デ・ラ・グロリエタ］

Plaza Barrancas de Belgrano
Mariscal Antonio José de Sucre 1683-1743,
Buenos Aires（バラカス地区）

　ベルグラーノ公園にそびえ立つ立派なグロリエタ（園亭）では、週末の夕方からタンゴの愛好家のために開放され、老いも若きも楽しそうに踊っている。オーガナイザーと呼ばれる人が機材を持ち込み、簡易的に設置されたスピーカーからランダムに曲を流している。ブエノスアイレス市内の公園では、このような無料の青空ミロンガがいくつもあり、いかにポルテーニョにとってタンゴが身近であるかがよくわかる。

Auténtico tango 137

踊り方の基礎を学びたいなら
スクール
Escuela de Tango

　ポルテーニョに身近なタンゴ。学校でも教わることがあると聞くが、踊りをブラッシュアップして一生ものの技術を身につけたいポルテーニョや、観ているだけでは物足りなくなった観光客のために、ワンレッスンでも受けられるスクールがあちこちにある。ショッピングモール内で開講しているクラスもあるので、時間があえば気軽に参加してみてほしい。

タンゴ教室にはバレエ教室さながらに鏡とバーが設置されているところが多い。この日は女子高生がレッスンを受けに来ていた。

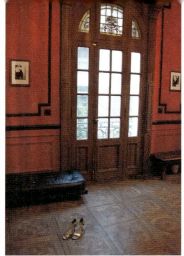

同じ階にベッドルーム、キッチンルーム、そしてダンスフロアーを完備したアパートメント。タンゴに憧れてブエノスアイレスを訪れる人には堪らない宿だ。

タンゴを掘り下げるために短期留学したいなら
タンゴ宿
Alojamiento de Tango

　タンゴの魅力にはまり、アルゼンチンにタンゴ留学に行く人がいる。そんな人たちが滞在しながらレッスンを受けることができるのがタンゴ宿。ベッドルーム、キッチンスペースの他にタンゴが踊れるフロアーを完備しているのが特徴で、午前はスペイン語のスクールに通い、午後は宿に戻ってタンゴのレッスンを受ける、といったプログラムもある。

Auténtico tango　139

帰国してからタンゴを習おうと考えるなら
タンゴ用品
Cosas de Tango

　シューズ、ウェアなどのタンゴ用品は日本のタンゴスクールで売っているところもあるが、お手頃価格で求められ、種類が豊富なのはなんといっても本場ブエノスアイレスのお店。シューズは足さばきが綺麗に見えるように作られているし、ウェアは踊っている時のシルエットが美しく見えるよう試作を重ねながらデザインされているから、色々試着し、お気に入りを探してほしい。

おすすめタンゴ用品店（ウェア）

Naranjo en Flor
［ナランホ・エン・フロール］

Dr. Tomás Manuel de Anchorena 430, Buenos Aires（アルマグロ地区）

　入り口に伝統的な「タンゴ柄」のイラストがあしらわれた庶民的なお店。ベテランのショップ店員さんが1点1点丁寧に説明をしてくれる。試着も可能なので、体型にあったもの、着心地のいいもの、動いてみた時の形が自分の思い描くイメージに合っているものを選びたい。

　奇抜な色の組み合わせのものからシックな色合いのものまで、幅広いデザインのウェアがずらり。ウェアのみならず、アクセサリー類も充実している。次から次へとひっきりなしに客が入店する様子からも、この店がいかに信頼されているかがわかる。

おすすめタンゴ用品店（シューズ）

Gretaflora
［グレタフローラ］

Uruguay 1295, Buenos Aires
（レコレータ地区）
http://www.gretaflora.com

　二人の女性デザイナーが立ち上げたブランドで、日本でも売られている。クラシックなタンゴシューズはつま先が覆われているが、サンダルタイプもここ15年位で定着。足幅と甲の高さを重視して選ぶと良い。ぶかっとしているより踵がぴっちり合うものの方が気持ちよく動ける。

花をモチーフにした甲飾りがついたもの、パイピングをしたもの……、配色もスタイリッシュでおしゃれなデザインのものが多く、どれを選ぶか迷ってしまう。もちろん機能性もしっかり兼ね備えている。

ポルテーニョの暮らし

　まち歩きをしているとすれ違う人たちに興味がどんどん湧いてくる。ポルテーニョ（港っ子）と呼ばれる彼ら彼女らの普段の暮らしぶりはどんなだろう。ある日郊外にあるファミリーを訪問させてもらった。

　ジャニスさんは24歳。現在は週末だけファッションタトゥーのお店で働いている。35歳のワルターさんとは、ずいぶん前からの知り合いだったが、ジャニスさんが自身の携帯電話が壊れたことを一斉連絡したことがきっかけでワルターさんとSNSでのやりとりがスタート。数年前から同棲している。

　ここ、ジャニスさんの実家には、週に２、３回訪れている。「洗濯ものがたまると甘えにくるのよ。この子」とまんざらでもない様子のお母さん。

　随分と仲睦まじい様子が伝わってくる。

　常に音楽が流れる家の中で、みんなが集まるのはもっぱらキッチン。

　昼過ぎからワインボトルを空け、グラス片手に料理をしながらおしゃべりに花を咲かせていると、あっという間に時が過ぎていくのだとか。
　料理担当はワルターさんで、この日も自慢のミラネッサ（チーズ入りカツレツ）の作り方を披露してくれた。
　二人の共通点は動物が大好きなこととスポーツが好きなこと。
「ブエノスアイレスは大都市なのに緑がいっぱいあるの。週末は車で犬を大きな公園へ連れて行き、一緒にのんびりするのが楽しくて。とにかく空気がとっても美味しいのが自慢よ」
　ゆったりとした時の流れの中、自分や家族との時間や空間を大切にしながら生活する。
　ブエノス（良い）アイレス（空気）とは読んで字のごとく。
　穏やかな空気をまとったこのまちでの暮らしは、とっても心地がよさそうだ。

ジャニス&ワルター風
チーズ入りミラネサの作り方

材料（2人分）
- 牛モモ肉、または豚モモ肉、
  鶏ムネ肉…200グラム
- お好みのチーズ…適宜
- 卵　Mサイズ…2個
- 小麦粉…適宜
- おろしにんにく…小さじ½
- 塩、こしょう…各少々
- オレガノ
  乾燥させみじん切りにしたもの…適宜
- パン粉…適宜
  （アルゼンチンではミラネサ用の味付き
  粉が販売されているが、日本ではパン粉で）
- 揚げ油…適宜
- レモン…½
- ハーブ類…お好みで適宜

作り方
1. 余計な油を肉から切り取り、薄切りにする。
2. 肉の上にお好みのチーズをのせて、さらに
   その上から肉をのせる。
3. 卵、小麦粉、おろしにんにく、塩、こしょう、
   オレガノをボウルに入れて、混ぜる。
4. ❷を❸のたまご液にくぐらせる。
5. ❹にパン粉をまんべんなくまぶす。
6. 指で軽く押したり叩いたりしながら、さら
   に粉をまぶす。
7. フライパンに油を10cm程の高さまで注ぎ
   入れ、温めて、肉を揚げる。
8. レモンを絞りかける。
9. お好みで、スライストマトを添えたり、ハー
   ブを振りかけたりしたら、アルゼンチンの国
   民食、ミラネサの完成！

Columna　145

Disfrutar fuera de Buenos Aires

Capítulo 5

郊外で
のんびり
過ごす1日を！

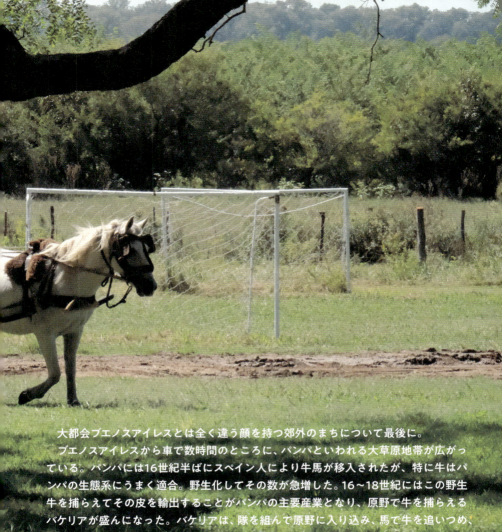

大都会ブエノスアイレスとは全く違う顔を持つ郊外のまちについて最後に。

ブエノスアイレスから車で数時間のところに、パンパといわれる大草原地帯が広がっている。パンパには16世紀半ばにスペイン人により牛馬が移入されたが、特に牛はパンパの生態系にうまく適合。野生化してその数が急増した。16〜18世紀にはこの野生牛を捕らえてその皮を輸出することがパンパの主要産業となり、原野で牛を捕らえるバケリアが盛んになった。バケリアは、隊を組んで原野に入り込み、馬で牛を追いつめ、ボレアドール（投げ玉）でしとめる作業のこと。とても危険な作業だったため、そこから乗馬術に長けた勇敢なガウチョが生まれたのだとか。

ガウチョの語源はガウデリオ（無法者の意）とも言われ、乗馬に秀で、自由奔放な流浪生活を送る彼らのことを人々がそう呼ぶようになった。数多くの民謡や文学作品のなかで人間としての理想の生き方と評され、「ガウチョ文学」という言葉も生まれた。

いわゆる昔ながらのガウチョは消滅したとされているが、今も牧畜業に従事する人々をひろくガウチョと呼んでいる。

ガウチョの影響を受けた料理、アサード（牛肉の炭火焼き）は、今でもアルゼンチンを代表する料理だし、ガウチョが好んで飲んだマテ茶も、アルゼンチンの人々の生活に浸透している。

この章では、ガウチョ文化に触れることができるエリア、サン・アントニオ・デ・アレコをご紹介しよう。

Estancia la Porteña

ガウチョの暮らしぶりに触れる　ラ・ポルテーニャ牧場

　市内から110キロほど離れたところにラ・ポルテーニャという家族経営の牧場がある。
　ガウチョ小説で有名な小説家、リカルド・グィラルデスが1926年に出版した『ドン・セグンド・ソンブラ』を執筆した場所としても有名な場所で、連日ガウチョの世界観を味わいたい人が訪れている。
　緑と花が溢れかえる庭園が素晴らしく、日がな一日、のんびり過ごすことができる。
　1日牧場体験ツアーでは、乗馬やガウチョによるフォルクローレ演奏、アサードやマテ茶も楽しめるので、ブエノスアイレスとはまた違う時間の流れを感じてほしい。

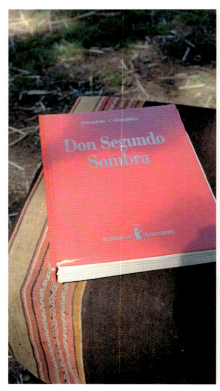

リカルド・グィラルデスの『ドン・セグンド・ソンブラ』。ある孤児がパンパに生きるガウチョのドン・セグンドに保護され成長する過程を、豊かな隠喩と華麗な文体で描いた「ガウチョ小説」の傑作。

花が咲き誇る、手入れが行き届いた牧場内の邸宅。見学は日帰りのみならず、宿泊しながら楽しむこともできる。馬車に乗ったり、自身で馬を操縦したりと色々なアクティビティーがあるのでどれだけいても飽きることがない。

Suburbio 149

チョリソーや瑞々しいサラダ、庭のグリル台で調理され、焼きたての状態でサーブされる野菜や鶏肉、そして牛肉。とびっきりのホスピタリティに心が安らぐ。

食事が一段落すると、フォルクローレの演奏家たちが登場。蛇腹楽器のバンドネオン、大太鼓のボンボ、ギターの音に合わせてフォルクローレを歌ったり踊ったり。文字通り牧歌的で朗らかな時間だ。

Estancia la Portena
Ruta Nacional No. 8, Hasta El Km 110, San Antonio de Areco, Buenos Aires
(サン・アントニオ・デ・アレコ)
http://laporteniadeareco.com/day.php

San Antonio de Areco
サン・アントニオ・デ・アレコの市街地をのんびり歩く

　サン・アントニオ・デ・アレコの市街地は、地元の人たちがベンチに座って井戸端会議に興じる姿も見られるようなのどかなところ。街の中心に大きな公園があり、それを取り囲むように教会、雑貨屋、カフェが立ち並んでいる。非常にシンプルでこじんまりとしたまちだが、古き良きアルゼンチンの風情を色濃く残すまち並みになぜか懐かしさを感じる。

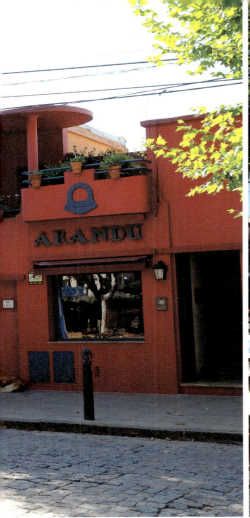
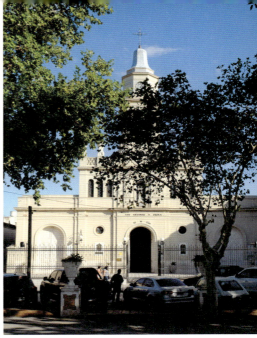

石畳の街並み、緑豊かな公園、きちんと管理された教会、自転車で駆け抜けていく少年たち、それを見守りながら散歩する老人たち。ゆったりとした時間が流れる、落ち着きのあるまちだ。

落ち着いた雰囲気のシックなバル
El Tokio Bar
［エル・トキオ・バル］

「店名がトキオなのはなぜ？」そう質問しても「前からそうだったから」と素っ気ない返事。名前は日本由来のようにも思えるが、店内に特にそんな風情はないエル・トキオ・バル。ケーキやコーヒーが飲める居心地のいいカフェだが、何と言ってもおすすめなのはアイスクリームだ。

El Tokio Bar
Arellano 152, B2670
San Antonio de Areco, Buenos Aires
（サン・アントニオ・デ・アレコ）

アイスクリームケースの中にはいろんな種類のアイスがずらり。パンパの酪農地帯が近く新鮮な牛乳がとれるのでコクのある美味しいアイスが食べられるのだとか。店内を見渡すと多くの人がアイスを注文している。おすすめはチェリー味。

質のいいガウチョ関連のものが手に入る
El Bagual
［エル・バグアル］

　マテ茶用品やベルト、ポンチョなど、ガウチョ御用達の品々が揃うお店、エル・バグアル。まちの風景に溶け込むシックな店構えだが、足を踏み入れると色とりどりのこだわりの品がぎっしり。素材や仕立てが上質で、飽きのこないデザインのものばかりだ。

まちの雰囲気にさりげなく溶け込む、落ち着きのある外観。置いてある商品はカラフルではあるが決して華美ではなく、オーナーのセンスの良さがうかがえる。

El Bagual
Alsina 98, B2760ACB
San Antonio de Areco, Buenos Aires
（サン・アントニオ・デ・アレコ）

Suburbio　157

あとがきにかえて　取材で知り合った

　最後に、このまちで知り合ったポルテーニョたちを紹介したい。

　取材したどのお店もどの場所も大層素敵に感じるのは、カメラを向けるとちょっとはにかみ、でも最後には満面の笑みを向けてくれる、彼、彼女たちの存在に拠るところが大きい。

　ブエノスアイレスの魅力を一言でいうと、人。この一文字に尽きるのではないだろうか。

　大きな河に沿って文化が育まれることは太古の時代から証明されてきたこと。このまちにも「ラプラタ川」という偉大な財産がある。そして街並みの美しさがブエノスアイレスを「南米のパリ」たらしめていることはまぎれもない事実だ。

　しかしそれらの街並みを形成する石畳も建造物も、彼、彼女たちが長い時間をかけて造り上げてきたものだ。

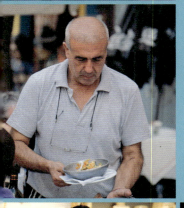

Gracias

ポルテーニョたちへ、感謝を込めて

　故郷の栄華をそのまま新天地に取り入れることにこだわり奔走した移民たち。
　いろいろな国の人たちと混じり合って生き抜く知恵を身につけた人たち。
　その思いを綿々と受け継いできたポルテーニョたちとその文化を、この本を通じて伝えられたら嬉しい。
　自然と対極にある文化は、人がいなければ決して生まれない。
　このまちに訪れた人が、またつい足を運んでしまう理由は、そこにある。
　人が成熟させた文化の香りが、大都市ブエノスアイレスのいたるところで、今日も匂い立っている。

　　　　　　　　ブエノスアイレス　取材チーム一同

私のとっておき　48

ブエノスアイレス
ノスタルジックな「南米のパリ」

Argentina
Buenos Aires

2019年11月13日　第1刷発行

産業編集センター／編

企画・構成／志摩千歳
写真／清永安雄・及川健智
取材・原稿／松本貴子
デザイン／ohmae-d
協力／Monchi Mediaの皆さん
竹田文香　Ayaka Takeda
竹内朝夕 Asayu Takeuchi
熱海ディアナ Diana Atsumi
小木曽モニカ　Monica Kogiso

発行／株式会社産業編集センター
　　　〒112-0011　東京都文京区千石4丁目39番17号
TEL 03-5395-6133 FAX 03-5395-5320

印刷・製本／東京印書館株式会社

© 2019 Sangyo Henshu Center Co., Ltd. printed in Japan
ISBN978-4-86311-245-2　C0026

本書掲載の文章・写真を無断で転記することを禁じます。
乱丁・落丁本はお取り替えいたします。